Inhalt

Verbraucherkredite - Der Wettbewerb unter den Banken verschärft sich!

Kernthesen

Beitrag

Fallbeispiele

Weiterführende Literatur

Impressum

ns Nr. 04/2007 vom 17.04.2007

Verbraucherkredite - Der Wettbewerb unter den Banken verschärft sich!

T. Trares

Kernthesen

- In Deutschland wird das Geschäft um den Privatkunden mit immer härteren Bandagen geführt.
- Inzwischen bieten gar branchenfremde Unternehmen wie die Textilkette C&A oder der Kaffee-Röster Tchibo Ratenkredite an.
- Die Sparkassen wollen indes mit neuen Angeboten Marktanteile zurückgewinnen und auch der Marktführer Citibank hat den schärferen Wettbewerb deutlich zu spüren

bekommen.
- Auf europäischer Ebene ist zudem wieder Bewegung in die Debatte um die EU-Verbraucherkreditrichtlinie gekommen. Diese soll den grenzüberschreitenden Handel mit Konsumentenkrediten beleben.

Beitrag

In Deutschland wird der Wettbewerb im Geschäft mit den Konsumentenkrediten immer intensiver. Marktführer Citibank hat dies 2006 anhand verfehlter Ergebnisziele zu spüren bekommen. Auch Branchenfremde wie der Kaffee-Röster Tchibo oder die Kaufhauskette C&A wollen nun in das Geschäft einsteigen.

Wettbewerb bei den Konsumentenkrediten wird schärfer

Immer mehr Banken steigen in das Geschäft mit Verbraucherkrediten ein. Zu den Vorreitern Santander Consumer und Citibank hat sich mittlerweile auch die Deutsche Bank gesellt, die 98 Filialen der Norisbank gekauft hat. Die Dresdner

Bank ist seit 2005 durch eine Partnerschaft mit der französischen Cetelem in dem Segment aktiv. Und selbst die Textil-Kette C&A und der Kaffee-Röster Tchibo bieten mittlerweile Ratenkredite an. Aber auch die Sparkassen und Genossenschaftsbanken beackern das Geschäftsfeld inzwischen deutlich intensiver. (1), (2)

Neue Kreditshops buhlen um den Konsumenten

In Deutschland eröffnen die Banken derzeit immer mehr so genannte Kreditshops. Diese sollen Finanzdienstleistungen speziell für Privatkunden anbieten. Die genossenschaftliche TeamBank AG hat bereits 38 "Easy Credit"-Shops eröffnet und will bis Jahresende auf 100 kommen. Ähnlich energisch geht die belgische Fortis-Bank vor, die seit Mitte vergangenen Jahres 28 Läden aufgemacht hat und bis 2009 insgesamt 130 Shops betreiben will. Auch die Deutsche Bank ist nicht untätig: Sie übernahm im Herbst die 99 Filialen der Norisbank, um im Ratenkreditgeschäft eine Billigmarke aufzubauen. Die Branche hält das Potenzial auf dem Konsumentenkreditmarkt für noch nicht ausgeschöpft. Insgesamt beläuft sich dessen Volumen in Deutschland auf rund 130 Milliarden EUR. (9)

Neue Vertriebstrategien bei den Sparkassen

Um den neuen Konkurrenten die Stirn zu bieten, denken auch die Sparkassen über einen zentralen Absatzfinanzierer nach, der an den Kassen in Discountern und Warenhäusern Konsumentenkredite anbieten soll. Dabei stehen mehrere Varianten im Raum. Ob dabei die Direktbank DKB der BayernLB oder die Readybank der WestLB einbezogen würden, ist noch offen. Die Sparkassen reagieren damit auf die erfolgreichen Strategien von Wettbewerbern wie der Royal Bank of Scotland, der Santander Consumer Bank oder der GE Money Bank, die unter anderem mit Waren- und Autohäusern, den großen Handelskonzernen und den Baumärkten zusammenarbeiten. (6)

Bewegung in der Debatte um die EU-Verbraucherkreditrichtlinie

Unterdessen ist auf der Ebene der Europäischen Union (EU) Bewegung in die Debatte um die

Verbraucherkreditrichtlinie gekommen. Deutschland will nun im Rahmen seiner EU-Ratspräsidentschaft einen neuen Vorschlag präsentieren. Seit 2002 zieht sich inzwischen der Streit darüber hin, ob die Vorschriften für EU-Verbraucherkredite weiter vereinheitlicht werden sollen oder nicht. Die Kommission hatte sich damals für eine weitgehende Harmonisierung der Vorgaben von 1987 eingesetzt. Sie berief sich dabei vor allem darauf, dass die Mitgliedstaaten die Freiräume der alten Richtlinie genutzt hätten, um über die darin festgeschriebenen Mindeststandards für den Verbraucherschutz hinausgehende nationale Regeln aufzustellen. Die Regelungsvielfalt habe dazu geführt, dass Verbraucher davor zurückschreckten, im europäischen Ausland Kredite aufzunehmen, und Unternehmen oft nur im Inland Kredite anböten. Kritiker bezweifeln indes, dass es bei Privatkunden eine ausreichende Nachfrage für grenzüberschreitende Finanzdienstleistungen gibt. (3)

Fallbeispiele

Die Citibank, eine Tochter der US-Großbank Citigroup, hat ihre Ergebnisziele 2006 deutlich verfehlt. "Wir haben unterschätzt, wie hart der Wettbewerb bei Verbraucherkrediten in Deutschland mittlerweile ist", sagte die Vorstandsvorsitzende Sue Harnett bei der Präsentation der Zahlen. "Und ich kann bislang nicht erkennen, dass der Wettbewerb nachlässt", fügte sie hinzu. 2006 ging der Vorsteuergewinn um 13 Prozent auf 619 Millionen EUR zurück. Die Erträge fielen um 1,3 Prozent auf 2,3 Milliarden EUR. Sowohl Zinsüberschuss als auch Provisionsüberschuss lagen unter dem Wert des Vorjahres. Harnett versucht seit ihrem Antritt, den zunehmenden Wettbewerb aufzufangen, indem sie andere Bereiche wie die Anlageberatung und das Kreditkartengeschäft ausbaut. Gleichwohl konnte die Citibank ihre Position als Marktführerin bei Verbraucherkrediten in Deutschland ausbauen. Nach eigenen Angaben stieg der Marktanteil von 6,4 auf 6,7 Prozent. (1), (2)

Der Ratenkreditspezialist Santander Consumer wächst zweistellig, spürt aber den Gegenwind der Konkurrenz. "Das Wettbewerbsumfeld wird deutlich intensiver", sagte der Vorstandsvorsitzende Andreas Finkenberg. Die neuen Wettbewerber versuchten über Konditionen in den Markt zu stoßen, die langfristig nicht zu halten seien, erklärte er weiter. Bei Santander Consumer schlug sich dies in sinkenden Margen und einem sinkenden Provisionsüberschuss nieder. Dennoch stieg der Jahresüberschuss vor

Steuern um knapp zwölf Prozent auf 368 Millionen EUR. Das Volumen an Ratenkrediten nahm um knapp 14 Prozent zu. Die ehemals CC-Bank genannte Tochter der spanischen Muttergesellschaft Santander will unter anderem ihr Filialnetz in diesem Jahr von 85 auf 100 Zweigstellen ausbauen. (5)

Mit neuen Angeboten wie der Präsenz in Warenhäusern und mehr Werbung wollen die Sparkassen Marktanteile im umkämpften Geschäft mit Verbraucherkrediten zurückgewinnen. Eine Verdoppelung des Neugeschäfts innerhalb von drei Jahren sei so erreichbar, sagte der Präsident des Deutschen Sparkassen- und Giroverbandes (DSGV), Heinrich Haasis. Die gesamte Kreditvergabe an Privatpersonen habe 2006 praktisch stagniert, weil man sich bei Konsumentenkrediten "noch nicht wie erwünscht durchsetzen konnte", beklagte er. "Beim Konsumentenkredit hat der Wettbewerb kräftig an unserem Marktanteil genagt. Wir liegen hier bei 34 Prozent; vor fünf Jahren waren es noch drei Prozentpunkte mehr", sagte Werner Netzel, der beim DSGV für die Marktstrategie zuständig ist. (6)

Die zum französischen Crédit-Agricole-Konzern gehörende und auf Privatkredite sowie Absatzfinanzierung spezialisierte CreditPlus Bank AG hat 2006 trotz verschärften Wettbewerbs Zuwächse im Filialgeschäft und in der Absatzfinanzierung erzielt. Der Gewinn nach Steuern kletterte auf 18,2 Millionen von zuvor 15,5 Millionen EUR. CreditPlus sprach von schwierigen Bedingungen im Filialgeschäft. Immer mehr Wettbewerber erweiterten ihr Filialnetz oder richteten Kreditshops ein. Außerdem hätten erste Einzelhandelsketten Konsumentenkredite in ihr Angebot aufgenommen. Dennoch sei es gelungen, das Neugeschäft in diesem Bereich um vier Prozent auf 159 Millionen EUR auszuweiten. (8)

Dagegen halten sich die Commerzbank und die Direktbank ING-Diba weitgehend aus dem Geschäft mit den Konsumentenkrediten zurück. "Ich glaube, dass die Risiken des Konsumentenkreditgeschäfts systemisch unterschätzt werden", sagte ein Commerzbank-Manager. Lässt die Konjunktur nach, könnte es für viele Ratenkredite eng werden, befürchten die beiden Banken. Der Hintergrund: In Deutschland haben die Privatinsolvenzen 2006 einen neuen Höchststand erreicht. 121 800 Verbraucher waren überschuldet, 22,1 Prozent mehr als 2005 dies war im vergangenen Jahr nach Großbritannien der stärkste Zuwachs. (9)

Die neue EU-Verbraucherschutzkommissarin Meglena Kunewa will die Integration der Privatkunden-Finanzmärkte vorantreiben. "Nur ein Prozent der europäischen Verbraucher nutzt

Finanzdienstleistungen grenzübergreifend. Deshalb müssen wir hier einen Binnenmarkt aufbauen, anstelle von 27 Minimärkten", sagte Kunewa. Als Testfall für diese Integration sieht sie die neuen Vorgaben für Verbraucherkredite. (7)

Weiterführende Literatur

(1) Citibank Konkurrenz bremst Citibank bei Verbraucherkrediten Institut verfehlt seine Ergebnisziele deutlich - Vorstandschefin Harnett schaut sich Übernahmeziele genau an
aus DIE WELT, 03.04.2007, Nr. 79, S. 14

(2) Verbraucherkredite Citibank leidet unter zunehmender Konkurrenz
aus HANDELSBLATT online 30.03.2007 12:07:29

(3) Bewegung in der Debatte über Verbraucherkredite
aus Frankfurter Allgemeine Zeitung, 06.03.2007, Nr. 55, S. 19

(4) Schulden machen – leichter gemacht Deutsche Banken lockern Standards für Verbraucherkredite / Nachfrage nimmt zu
aus Frankfurter Rundschau v. 10.02.2007, S.12

(5) Santander Consumer wächst kräftig
aus Handelsblatt Nr. 063 vom 29.03.07 Seite 22

(6) Sparkassen bauen auf Kleinkredite

aus Handelsblatt Nr. 053 vom 15.03.07 Seite 21

(7) Kunewa macht Kleinkredite zum Testfall EU-Kommissarin pocht auf Privatkunden-Binnenmarkt
aus Financial Times Deutschland vom 13.03.2007, Seite 19

(8) CreditPlus legt deutlich zu Spezialbank spricht von verschärftem Wettbewerb
aus Börsen-Zeitung, 24.02.2007, Nummer 39, Seite 5

(9) Boom in Deutschland
aus Financial Times Deutschland vom 21.02.2007, Seite 25

Impressum

Verbraucherkredite - Der Wettbewerb unter den Banken verschärft sich!

Bibliografische Information der deutschen Nationalbibliothek

Die Deutsche Nationalbibliothek verzeichnet diese Publikation in der deutschen Nationalbibliografie; detaillierte bibliografische Daten sind im Internet über http://dnb.d-nb.de abrufbar.

ISBN: 978-3-7379-0582-4

© 2015 GBI-Genios Deutsche Wirtschaftsdatenbank GmbH, Freischützstraße 96, 81927 München, www.genios.de

Alle Rechte vorbehalten. Dieses Werk ist einschließlich aller seiner Teile – z.B. Texte, Tabellen und Grafiken - urheberrechtlich geschützt. Jede Verwertung außerhalb der Grenzen des Urheberrechtsgesetzes bedarf der vorherigen Zustimmung des Verlags. Dies gilt insbesondere auch für auszugsweise Nachdrucke, fotomechanische

Vervielfältigungen (Fotokopie/Mikroskopie), Übersetzungen, Auswertungen durch Datenbanken oder ähnliche Einrichtungen und die Einspeicherung und Verarbeitung in elektronischen Systemen.